VillA Alfabet

Kom op, bolle!

Henk Hokke

educatieve

uitgeverij

Maretak

VillA Alfabet is een leesserie voor de betere lezer van groep 3 tot en met groep 8.
VillA Alfabet oranje is bestemd voor lezers vanaf groep 3.
Een VillA Alfabetboek biedt de goede lezer een uitdagende lees-ervaring en verdiept deze ervaring door het extra materiaal dat in het boek is opgenomen. Daarnaast is bij elk boek materiaal ont-wikkeld dat in een aparte uitgave is verschenen: 'VillA Verdieping'.

STICHTING NEDERLANDSE
KINDERJURY
2004

© 2003 Educatieve uitgeverij Maretak, Postbus 80, 9400 AB Assen

Illustraties: Sonja Reus
Tekst blz. 6 en blz. 76-79: Ed Koekebacker en Suzanne Schweppe
Vormgeving: Cascade visuele communicatie, Amsterdam
ISBN 90 437 0199 8
NUR 140/282
AVI 4

Inhoud

1 Kom op, bolle!   5

2 Ik doe ook mee!   9

3 Sponsors zoeken   14

4 Trainen   18

5 Conditie 24

6 Waar is Jill?   30

7 De brief 34

8 Een nieuwe trainer?   39

9 Het feest 44

10 Borst vooruit!   51

11 De beste trainer 56

*(Als je 🏠 tegenkomt, ga dan naar bladzij 63.
En als je het boek uit hebt, kom dan op bezoek in
VillA Alfabet, op bladzij 60-62.)*

Droom je er wel eens van dat alle kinderen van je klas naar jou kijken, omdat jij iets bijzonders doet?

Iets wat je eigenlijk niet kunt? Of kun je veel meer dan je denkt als je maar oefent en doorzet?

1 Kom op, bolle!

'Mag ik meedoen?' roept Jens.
Hij staat op het plein.
De jongens uit zijn klas doen tikkertje.
Piet blijft staan. Zijn gezicht is bezweet.
'Jij?'
'Ja,' zegt Jens. 'Ik mag toch ook best meedoen?'
Piet kijkt naar de anderen.
'Nou goed dan,' zegt hij. 'Maar dan ben jij hem!'
Hij geeft Jens een flinke tik. Dan rent hij weg.
Jens holt achter hem aan. Piet is veel te snel.
Jens blijft hijgend staan. Wie zal hij nu proberen?
Frenk misschien? Die staat bij het klimrek.
Hij trekt een gek gezicht naar Jens. Jens holt op
hem af. Frenk maakt een schijnbeweging.
En hup... weg is hij. 'Kom op, bolle!' schreeuwt
hij. 'Loop eens wat harder!'

Jens schiet op Tjeerd af. Maar Tjeerd flitst
ervandoor.
'Pak me dan!' roept hij.
Jens blijft staan. Hij is bekaf. Hij zweet enorm.
Zijn gezicht is knalrood.
'Ik doe niet meer mee,' hijgt hij.
De jongens lachen.
'Jammer bolle,' roept Frenk.
Jens sloft naar een bankje. Daar ploft hij neer. Hij
snapt wel waarom de jongens lachen. Ze lachen
omdat hij zo dik is. Daarom kan hij niet hard
rennen. Lang niet zo hard als de jongens. En hij
is veel te gauw moe.
Hij kan er niks aan doen. Jens heeft een ziekte.
Daardoor is hij zo dik. Hij snoept bijna niets. En
hij eet heel gewoon. Toch blijft hij dik.
Jens vindt het soms wel lastig. Bij tikkertje of zo.
Of bij gym.
Brrr, vanmiddag hebben ze gym. Zouden ze
touwen krijgen? Jens hoopt van niet. Daar is hij
heel slecht in. Vooral als ze moeten klimmen.
Er gaat een meisje naast hem zitten. Het is

Femke. Ze zit in zijn klas. 'Hoi,' zegt ze.
Jens bromt wat terug.
Femke wijst naar de jongens.
'Doe je niet mee?'
Jens schudt zijn hoofd.
'Nee, ik eh... ik heb geen zin.'
'Heb je al wat bedacht?' vraagt Femke.
Jens kijkt haar verbaasd aan.
'Bedacht? Waarvoor?'
Femke moet lachen. 'Voor straks. Voor die school
in Togo. Dat weet je toch nog wel?'
'O ja, dat,' zegt Jens.

Opeens weet hij het weer. Juf heeft verteld van een school. Een school in Togo. Daar zijn de mensen heel arm. Op school is er bijna niks. Er zijn geen pennen. Er zijn geen schriften. En er is geen speelgoed.

Nu gaat groep drie een feest houden. Een feest om geld in te zamelen. Elk kind moet wat doen.

'Nee, ik weet nog niks,' zegt Jens. 'En jij?'

'Ik wel,' zegt Femke. 'Ik ga dingen verkopen. Ouwe dingen van zolder. Samen met Jetske. En het geld is voor die school.'

'Leuk,' mompelt Jens.

Femke staat op. 'Bedenk maar gauw wat,' zegt ze. 'Juf wil het vandaag weten.'

Ze holt naar Jetske toe.

Jens kijkt haar na. Hij vindt Femke heel leuk. Maar dat durft hij niet te zeggen.

Jens denkt diep na. Wat stom van dat feest. Hij was het helemaal vergeten. Jens piekert tot de bel gaat. Dan sjokt hij naar binnen. ▮

2 Ik doe ook mee!

Juf Nicky staat voor de klas.
'Goed,' zegt ze. 'Eerst even over het feest. Wie
heeft er al wat bedacht?'
Femke steekt haar vinger op. Ze vertelt wat ze
met Jetske wil gaan doen.
'Leuk hoor,' zegt juf. 'Denk ook aan prijskaartjes.
Dan kunnen de mensen zien wat het kost. Wie
nog meer?'
Frenk steekt zijn vinger op. Hij kijkt heel stoer.
'Ik doe een sponsorloop. Piet, Roy en Menno
doen ook mee.'
'Een sponsorloop?' vraagt Sharon. 'Wat is dat nou
weer?'
Frenk zucht diep.
'Jij weet ook niks. Bij een sponsorloop moet je
rondjes lopen. Voor ieder rondje krijg je geld.'

'Van wie?' vraagt Amanda.

'Van mensen,' zegt Frenk ongeduldig. 'Je moet mensen gaan vragen. Je vader of moeder. Of je oma of opa.'

'Of de buren,' zegt Piet.

Juf knikt.

'Dat is goed uitgelegd, Frenk,' zegt ze. 'Waar gaan jullie lopen?'

Frenk wijst uit het raam.

'Op het veldje, juf. We zetten paaltjes op de hoeken. Daar moeten we omheen lopen.'

Jens piekert zich suf. Wat kan hij nou doen? Ook iets verkopen? Maar wat? Hij heeft niks te verkopen. Ja, zijn bal misschien. Maar die is al oud. Die wil vast niemand hebben.

John is aan de beurt.

'Ik heb een dartbord,' zegt hij. 'Dat hang ik op. En dan mogen de mensen gooien. Voor geld natuurlijk. De punten schrijf ik op. En de winnaar krijgt een prijs.'

'Prachtig plan,' vindt juf.

Tja, peinst Jens. Dat is inderdaad een goed idee.

'En jij, Jens?' vraagt juf. 'Heb jij al wat bedacht?'
Jens schrikt ervan.
Hij hoort Frenk grinniken.
'Ja bolle,' fluistert hij. 'Wat ga jij doen?'
Jens wordt opeens woest.
Hij gaat rechtop zitten.
'Ik doe mee,' zegt hij. 'Ik doe mee met de
sponsorloop.'

Frenk schatert het uit. 'Haha, dat kan nooit, man!
Je bent veel te dik.'
'Nou en?' snauwt Jens.
'Je houdt het nog niet één rondje vol,' zegt Frenk.
Juf kijkt hem streng aan.
'Frenk, hou op! Jens mag het zelf weten.'
'Ja, maar wíj doen al een sponsorloop,' protesteert
Roy.
Jens draait zich om.
'Nou en? Ik doe ook mee. Daar heb je heus geen
last van.'
'Zo is het,' zegt juf. 'Het veld is groot genoeg.'
Jens kijkt uit het raam. Oei, wat heeft hij gezegd?
Het veld is echt heel groot. Dat lukt hem nooit.
Jens aarzelt. Zal hij het afzeggen? Dat kan nou
nog.
Maar dan neemt hij een besluit. Nee hoor, hij
gaat het gewoon doen. Het duurt nog drie weken.
Genoeg tijd om te trainen.
Hij voelt een por in zijn rug.
Jens draait zich om.
'Hier,' fluistert Manne. 'Van Frenk.'

Hij geeft Jens een briefje. Jens vouwt het open en leest:
Je krijgt toch geen sponsor. Niemand geeft jou geld.

Jens maakt een prop van het briefje.
O nee? denkt hij. Dat zullen we wel eens zien!

3 Sponsors zoeken

'Mam, wil jij mijn sponsor zijn?'
Jens zit op de bank.
Zijn moeder leest de krant. Ze kijkt op.
'Jouw sponsor? Wat bedoel je?'
Jens legt alles uit.
Zijn moeder legt de krant weg.
'Mmm, geen slecht idee. Denk je dat je het kunt?'
Jens knikt heftig.
'Ik ga trainen, mam. Heel hard.'
Zijn moeder glimlacht.
'Hoeveel rondjes ga je lopen?'
Jens haalt zijn schouders op.
'Dat weet ik niet. Misschien wel tien.'
'Poe,' zegt zijn moeder. 'Nou, weet je wat? Ik geef
vijftig cent per rondje.'
'Echt?' roept Jens. 'Ha, dat is mooi. Eh... even

denken. Tien rondjes keer vijftig cent. Dat is eh...'
Hij denkt even na.

'Dat is vijf euro! Dat geef ik aan die school in
Togo.'

'Ho ho,' zegt zijn moeder. 'Je hebt het geld nog
niet. Je moet eerst rondjes lopen. Dan krijg je
pas geld.'

Jens knikt.

'Dat weet ik wel. Maar het lukt vast. Ik ga elke
dag trainen.'

Zijn moeder staat op.

'Ik heb een goed idee,' zegt ze. 'Loop maar even
naar opa. Ik heb hem een boek beloofd. Dat kun
jij mooi brengen.'

Jens springt op.

'Dat is een goede training,' zegt hij.

Zijn moeder geeft hem het boek.

'En als je slim bent...' zegt ze.

'Wat dan?'

'Als je slim bent, vraag je opa ook als sponsor.'

'Jaa!' roept Jens. 'Opa doet vast wel mee. Zou hij
ook vijftig cent per rondje geven?'

'Dat weet ik niet,' lacht zijn moeder. 'Vraag het hem maar.'

Jens klemt het boek onder zijn arm.

'Uitkijken, hoor,' zegt zijn moeder. 'En voor half zes thuis. Ik bel opa wel dat je er aankomt.'

Jens holt de deur uit. Keihard rent hij over de stoep. Het eerste stuk gaat goed. Maar na dertig meter krijgt hij een steek in zijn zij.

Jens stopt met rennen. Zijn hart bonst. Poe, hij moet nog veel trainen.

Opa woont twee straten verder. Jens slaat rechtsaf.

Opeens ziet hij Frenk hollen. Aan de overkant van de weg. Hij draagt een korte broek. En mooie witte gymschoenen.

Jens blijft staan. Sjonge, wat gaat Frenk hard. En wat loopt hij mooi soepel. Net of hij zweeft.

Hij is vast al aan het trainen.

Hoeveel rondjes zou hij kunnen lopen? Misschien wel twintig of dertig.

Jens zucht. Zo mooi zal ik nooit lopen, denkt hij.

Daar ben ik te dik voor.

Frenk slaat de hoek om. Jens loopt weer door. Hij ziet opa's huis al.

Het laatste stukje probeert hij weer te rennen. Maar niet zo keihard. Dat gaat een stuk beter.

Hijgend belt Jens aan. Hij hoort gestommel. Dan knarst er een sleutel. De deur zwaait open.

'Ha opa, ik heb...'

Verbaasd houdt Jens zijn mond. Voor hem staat een vrouw. Ze lacht hem vriendelijk toe.

'Ik... ik kom voor opa,' stottert Jens.

De vrouw doet de deur verder open.

'Kom maar binnen. Je opa zit in de achterkamer. Hij zit te bellen.'

Jens volgt haar. Hij snapt er niets van. Wie is deze vrouw?

4 Trainen

Opa legt de telefoon neer.
'Ha die Jens. Kom hier, jongen.'
Jens loopt naar opa toe. Hij geeft hem een zoen.
'Hier opa, je boek,' zegt hij.
Opa pakt het boek aan.
'Daar ben ik blij mee,' zegt hij. 'Ik had niets meer
te lezen.'
Hij wijst naar de telefoon.
'Dat was je moeder. Ik moet je op tijd weer naar
huis sturen.'
De vrouw is gaan zitten. Er staat een kopje koffie
voor haar op tafel.
'Dat is mijn nieuwe buurvrouw,' zegt opa.
Jens loopt naar haar toe. Hij geeft haar een
hand.
'Dag mevrouw,' zegt hij beleefd. 'Ik heet Jens.'

18

De vrouw knikt hem lachend toe.

'Dat hoorde ik net al. Ik heet Jill. Je hoeft geen mevrouw te zeggen, hoor.'

Jens gaat ook zitten.

Opa hijst zich overeind. Hij loopt naar de keuken.

Hij komt terug met een glas limonade. Dat zet hij voor Jens neer.

'Koekje erbij?'

Jens knikt.

Maar dan bedenkt hij zich.

'Nee, toch maar niet,' zegt hij.

Opa kijkt hem verbaasd aan.

'Geen koekje? Waarom niet?'

Jens geeft geen antwoord. Hij lust best een koekje. Maar hij wil niet nog dikker worden. Dat is moeilijk uit te leggen.

Opa zet de trommel weer weg.

'Nou, zelf weten, hoor.'

Hij ploft in zijn stoel.

'Hoe is het op school?'

'Goed,' zegt Jens.

Hij raapt al zijn moed bij elkaar.

'Opa, wil jij mijn sponsor zijn?'
Opa fronst zijn wenkbrauwen.
'Sponsor?'
Jens legt het uit. Hij vertelt van het feest. Van de
school in Togo. En van de sponsorloop.
Opa luistert en knikt langzaam.
'Dat is een goed plan,' zegt hij. 'Heb je al andere
sponsors?'

'Ja, mama,' antwoordt Jens. 'Ze betaalt vijftig
cent per rondje.'
'Zo zo,' zegt opa.
Hij denkt een poos na.
'Goed,' zegt hij dan. 'Ik betaal...'
Hij wacht even.
'Ik betaal een euro per rondje.'
De mond van Jens valt open. 'Echt waar?'
'Echt waar,' zegt opa.
'Ik ook,' zegt Jill opeens.
Jens krijgt er een kleur van. Een euro van opa.
Een euro van Jill. En vijftig cent van mam. Dat is
al twee euro vijftig! Voor elk rondje!
Jens staat op.
'Ga je nu al?' vraagt opa. 'Het is pas vijf uur.'
'Ik ga trainen,' zegt Jens. 'Ik moet goed in vorm
zijn.'
Jill staat ook op.
'Goed idee,' zegt ze. 'Weet je hoe je moet trainen?'
Jens knikt.
'Gewoon rennen,' zegt hij. 'Zo hard als je kan.'
Jill glimlacht.

'Niet helemaal,' zegt ze.

Ze gaat voor Jens staan.

'Wil je écht trainen?'

Jens knikt. 'Ja,' zegt hij.

Jill kijkt even naar opa.

En dan weer naar Jens.

'Morgen om half zeven,' zegt ze. 'Bij de bunker.'

'Om half zeven?' herhaalt Jens. 'Dat is te laat.

Dan moet ik allang thuis zijn.'

'Morgenvroeg bedoel ik,' zegt Jill. 'Gympen aan en
een korte broek.'

Ze steekt haar hand op.

'Dag Jan. Ik kom gauw weer eens langs. Dag Jens.
Tot morgen.'

Opa zwaait terug.

Jens is te verbaasd om te groeten.

Jill gaat de kamer uit.

Ze horen de voordeur dichtslaan.

'Meent ze dat?' vraagt Jens.

Opa grijnst.

'Ja natuurlijk. Ik zou het maar doen als ik jou
was.'

'Half zeven,' zegt Jens. 'Dat is wel vroeg.'

'Doe het maar,' zegt opa. 'Ik bel zo je moeder. Ik leg het wel uit.'

Hij kijkt Jens ernstig aan.

'Waarom doe je mee aan die sponsorloop?' vraagt hij. 'Om minder dik te worden?'

Jens schudt zijn hoofd.

Hij vertelt van Frenk en de andere jongens.

'Ik wil gewoon meedoen,' zegt hij. 'Ook al blijf ik net zo dik.'

'Dan is het goed,' zegt opa. 'Train maar flink met Jill. Bewegen is altijd gezond.'

Jens geeft opa een zoen.

Dan gaat hij naar huis.

Opa kijkt hem na.

5 Conditie

Jens rilt. Brr, het is koud in de keuken. Hij neemt
een slok thee.
'Weet je het zeker?' vraagt zijn moeder.
Jens knikt.
'Heel zeker.'
Zijn moeder heeft lang met opa gebeld. Wel een
uur.
En nu zit Jens klaar. Hij heeft een korte broek
aan. En witte gympen.
'Ik ga,' zegt hij. 'Tot straks, mam.'
'Tot straks, jongen. Doe je best.'
Jens loopt de deur uit. Het is nog maar net licht.
Hij holt de straat uit. De bunker is niet ver.
Iedereen weet waar het is.
Het is een bunker uit de oorlog. Aan de rand van
het bos.

Jill staat er al. Ze draagt een trainingspak. Rood
met blauw.

Hijgend steekt Jens zijn hand op.

'Je bent nu al moe,' zegt Jill. 'Heb je zo hard
gerend?'

Jens knikt trots.

Jill wijst naar een pad.

'Daar gaan we heen. Loop jij maar voorop.'

Jens sprint weg. Hij schiet het pad op. Jill volgt
hem.

Jens kijkt om. Ha, hij ligt een flink stuk voor. Dat
gaat heel goed. Dit is pas trainen! Hij probeert
nog harder te gaan. Maar zijn benen doen zeer.

Jens stopt. Hij kan niet meer.

Jill komt in een kalm tempo de bocht om. Ze
loopt naar hem toe.

'Je loopt heel hard,' zegt ze.

Jens knikt. Het zweet gutst van zijn gezicht.

'Ja hè?' zegt hij blij.

'Ja,' zegt Jill. 'Maar niet erg slim.'

Jens gaat rechtop staan.

Jill wenkt hem.

'Kom maar naast mij lopen.'
Jens doet wat ze zegt.
Jill wandelt het pad op. Jens snapt het al. Eerst
even rusten. En dan weer rennen.
Maar Jill blijft wandelen.
'Gaan we niet rennen?' vraagt Jens.
Jill kijkt opzij. 'Waarom?'

'Om... om te winnen,' zegt Jens. 'Bij het feest.'

'Te winnen?' zegt Jill. 'Van wie?'

Jens snapt er niks van. 'Van de jongens!'

Jill blijft staan.

'Het gaat niet om winnen,' zegt ze.

Jens kijkt naar de grond.

'Hoeveel rondjes wil je lopen?' vraagt Jill.

Jens twijfelt niet. 'Tien,' zegt hij.

'Goed,' zegt Jill. 'Dan gaan we daar van uit. Luister goed. Je hebt conditie nodig. Geen snelheid. Het gaat om conditie. Volg mij maar.'

Jill wandelt weer verder. Jens volgt haar.

Dan gaat Jill op een drafje lopen. Een heel klein drafje.

'Zet je voeten goed neer,' zegt ze. 'Kijk maar naar mij. En adem door je neus.'

Jens doet wat ze zegt.

Jill wenkt. 'Ga maar weer voor me lopen. Dan kan ik het beter zien. Maar niet te hard. Gewoon een rustig tempo.'

Ze lopen wel tien minuten. Jill zegt wat Jens moet doen.

'Niet zo stampen.'
'Borst vooruit.'
'Blijf door je neus ademen.'
Dan wandelen ze weer een stuk.
'Armen wijd,' beveelt Jill. 'Diep inademen. En
rustig uitademen.'
Het laatste stuk gaat weer op een drafje. Tot ze
bij de bunker zijn. Jens ademt zwaar.
'Goed gedaan,' zegt Jill.
Ze kijkt op haar horloge.
'Morgen weer? Zelfde tijd?'

Jens knikt.

'Half zeven,' zegt hij.

Hij holt weg.

'Ho ho!' roept Jill.

Meteen stopt Jens.

'Nu niet meer rennen,' zegt Jill. 'Rustig naar huis lopen. Vooral goed ademen.'

Jens kijkt om.

Jill holt het pad op. Met grote passen. Het is een mooi gezicht.

Wacht maar, denkt Jens. Nog een paar keer trainen. Dan loop ik ook zo. Maar ik moet eerst conditie hebben. Heel veel conditie.

Hij wandelt rustig naar huis. Zou hij echt niet afvallen? Ook niet als hij elke dag traint?

6 Waar is Jill?

Jens traint elke dag met Jill. Het gaat steeds
beter. Hij vertelt het aan niemand. Alleen zijn
ouders weten het. En opa.
Jens heeft van opa nieuwe gympen gekregen. En
van zijn moeder een trainingspak. Rood met
blauw. Net als Jill.
Zijn conditie gaat met sprongen vooruit. Dat zegt
Jill tenminste.
En nu... Nu is het feest heel dichtbij. Nog maar
vier dagen. Dan is het zover.
Jens strikt zijn schoenen. Hij ritst zijn jack dicht.
'Tot straks, mam.'
'Tot straks,' is het antwoord. 'Doe je best, hè?'
Jens is al weg. Het is mistig deze morgen. Eerst
loopt hij heel kalm. Hij ademt goed in en uit. Dat
heeft Jill hem geleerd.

Bij de hoek gaat Jens in looppas. Maar niet te
hard. Dat mag niet van Jill. Dan word je te gauw
moe.

Hij duwt zijn borst vooruit. En hij ademt door
zijn neus. In de verte ziet hij een vlek in de mist.
Dat is de bunker. Jens versnelt zijn pas. De
bunker is nu goed zichtbaar.

Hé, wat vreemd. Jill is er nog niet. Dat is anders
nooit zo. Ze is er altijd als eerste.

Het is doodstil bij de bunker. Jens tuurt de weg
af. Er is niets te zien.

Flarden mist drijven het bos is. Jens rilt. Hij kijkt
op zijn horloge. Vijf over half zeven. Hij snapt er
niks van.

Wat moet hij doen? Zelf gaan trainen? Dat zouden
pap en mam nooit goedvinden.

Jens neemt een besluit. Hij loopt naar het huis
van Jill. Misschien heeft ze zich verslapen. Dan
komt hij haar vanzelf tegen.

Jens gaat in looppas terug. Ik bel gewoon aan,
denkt hij. Dan wordt ze wel wakker. En dan
kunnen we nog even trainen.

Misschien... Jens blijft opeens staan. Er komt
iemand aanlopen! Over de stoep. Maar dat is...
'Opa!' schreeuwt Jens.
Hij heeft gelijk. Het is zijn opa.

Jens rent naar hem toe. 'Opa, Jill is er niet!'
Opa knikt. Zijn gezicht staat ernstig. Hij slaat
een arm om Jens heen.
'Ik was net op weg naar je toe,' zegt hij.
Jens staart hem aan.
'Wat is er, opa?'
Zijn opa zucht.
'Kom maar mee,' zegt hij. 'Ik maak een kopje thee
voor je.'
Hij geeft Jens een hand. Samen lopen ze naar
opa's huis. Jens zegt niets. Hij voelt dat er iets is
gebeurd. Ze lopen langs Jills huis. Het ziet er stil
uit.
Hij blijft staan.
'Haar auto,' zegt hij zacht. 'Haar auto is weg.'
Opa trekt Jens mee.
'Kom maar,' zegt hij. 'Dan zal ik je vertellen wat er
gebeurd is.'
Jens volgt hem. Er ligt een steen op zijn maag. ♦

7 De brief

Jens gaat zitten. Zijn handen beven. En zijn
knieën trillen.
Opa rommelt in de keuken. Hij komt de kamer in
met een kop thee. De damp slaat eraf.
'Hier, drink maar op.'
Jens pakt de mok aan. Die is lekker warm. Jens
neemt een slok.
Het gevoel in zijn maag blijft. Hij is bang. Bang
voor wat er komt.
Opa zakt in zijn stoel. Hij zucht eens diep.
'Jill is weg,' zegt hij dan. 'Haar moeder is dood.'
Jens schraapt zijn keel. Het is net of die dicht
zit.
'Dood?' zegt hij schor.
Opa knikt langzaam.
'Het is vannacht gebeurd. Ze is in haar slaap

overleden. Jills vader belde om een uur of zes.
Jill is er met de auto naartoe. Ze kwam hier aan
de deur. Met een brief voor jou.'
Jens zet de mok neer. Hij doet zijn best om niet
te huilen.
'Hoe moet dat nou?' vraagt hij. 'Wanneer komt ze
terug?'
Opa haalt zijn schouders op.
'Dat weet ik niet. Het zal wel even duren. Met een
begrafenis en zo.'
Hij gaat naast Jens zitten.
'Het is heel erg, jongen. Vooral voor Jill.'
Jens buigt zijn hoofd. Hij schaamt zich een
beetje. Hij dacht aan zijn training. En niet aan
Jill.
Opa legt een arm om de schouder van Jens.
'Ik heb meteen je moeder gebeld. Maar je was al
weg. Toen ben ik naar de bunker gelopen. De rest
weet je.'
Opa staat op. Hij loopt naar de tafel. Daar ligt
een envelop. Opa geeft hem aan Jens.
'Hier,' zegt hij. 'Dit is de brief van Jill.'

Jens pakt de envelop aan. Hij maakt hem open.
Hij haalt de brief eruit.
Dan leest hij hardop:

Lieve Jens,

*Ik moet weg. Opa zal je alles vertellen. Het spijt
me. Ik was er graag bij geweest. Het ging juist zo
goed. Maar het kan helaas niet. Nu moet je het
alleen doen. Maar je kunt het! Dat weet ik zeker.
Ik zal voor je duimen. Zet hem op! Wil jij Manoes
verzorgen? Opa heeft de sleutel.*

Liefs van Jill

Jens voelt een traan in zijn oog. Hij veegt hem
weg.
'Kom,' zegt opa. 'Ik breng je naar huis.'
Jens loopt naar de gang. Hij wil de voordeur
opendoen.
'Wacht,' zegt opa. 'Doe deze maar om.'
Hij pakt een lange, zwarte das.

Die slaat hij om de nek van Jens.
'Anders vat je kou. Dat is lekker warm, hè? Hij is
van oma geweest.'
Jens knikt. Hij bibbert nog steeds een beetje.
Ze lopen naar buiten. De mist trekt langzaam op.
Jens houdt opa's hand vast. Jills huis ligt er
triest bij. Manoes zit op de vensterbank. Ze
miauwt een paar keer.
Jens voelt zich verdrietig.

'Ik kom vanmiddag terug,' zegt hij. 'Voor Manoes.'
'Goed,' zegt opa. 'Ik laat haar straks wel binnen.
Dan kun jij haar vanmiddag eten geven.'
Jens kijkt opzij.
'Opa, kun je zomaar doodgaan? Als je slaapt,
bedoel ik.'
Opa zegt een poos niets. Hij neemt grote
stappen.
'Ja,' zegt hij dan. 'Dat kan. Dat ging met oma ook
zo. 's Avonds gingen we samen slapen. En 's
morgens was ze dood.'
Opa's stem klinkt schor.
'Dat hoort erbij,' gaat hij verder. 'Oude mensen
gaan dood.'
Hij knijpt in de hand van Jens.
'Jij bent nog jong, hoor. Jou gebeurt niks.'
Jens zegt niets meer. Hij denkt aan Jill. En hij
denkt aan vrijdag. Aan de sponsorloop.

8 Een nieuwe trainer?

Jens schrikt op. Er wordt op zijn deur geklopt. Hij
kijkt op de wekker. Het is zes uur.
Jens was al wakker. Net als elke morgen. Maar hij
hoeft er nu niet uit. Er is geen training vandaag.
De deur gaat open. Zijn vader kijkt om de hoek.
'Ben je er klaar voor?'
Jens gaat rechtop zitten.
'Waarvoor?'
Zijn vader komt binnen. Hij draagt een
trainingsbroek. Die ziet er nieuw uit. Net als zijn
gymschoenen.
'Om te trainen,' zegt hij. 'Ik ben je nieuwe trainer.'
Jens moet lachen.
'Kom op,' zegt zijn vader. 'Een beetje tempo
graag!'
Hij trekt de dekens van het bed af.

Jens pakt zijn sportkleren.

'Goed,' zegt hij. Hij probeert vrolijk te kijken.

'Mooi zo,' zegt zijn vader. 'Vlug een boterham en dan gaan we. Ik zie je zo.'

Hij loopt de kamer uit.

Jens trekt zijn gympen aan. Dan gaat hij naar beneden.

Zijn vader staat al in de tuin. Hij zwaait met zijn armen. En hij zakt door zijn knieën.

Jens eet vlug zijn boterham op. Dan gaat hij naar buiten.

'Zo,' hijgt zijn vader. 'Ik ben al lekker warm. Kom, naar de bunker.'

Hij sprint weg.

Het is een gek gezicht. De broek zwabbert om zijn benen.

Jens schudt zijn hoofd. Op een drafje volgt hij zijn vader. Die is de hoek al om.

Jens laat zich niet opjagen. Kalm vervolgt hij zijn weg.

Zijn vader is al bij de bunker. Hij staat uit te puffen.

'Waar lopen jullie altijd?'

Jens wijst het pad aan.

Zijn vader gaat voorop. Het gaat niet meer zo
snel. Een paar keer struikelt hij. Hij valt nog net
niet. Zijn hoofd is knalrood. Hij hijgt met zijn
mond open.

'Gaat het?' roept hij naar Jens.

Jens geeft geen antwoord. Hij ademt rustig door
zijn neus.

Dan stopt zijn vader. 'Even rusten,' hijgt hij.

Maar Jens loopt gewoon door. Dit is geen

rustpunt. Dat is straks pas. Bij de bunker.

Hij kijkt achterom. Zijn vader zit op de grond. De damp slaat van hem af.

Jens komt bij een weiland. Hij gooit het tempo wat omhoog. Dat mag van Jill. Als het maar niet te hard gaat. Het is net of hij haar stem hoort:

'Borst vooruit.'

'Zet je voeten goed neer.'

'Rustig uitademen.'

'Links, rechts, links, rechts.'

'Snelheid telt niet. Het gaat om conditie. Onthou dat goed.'

Jens bijt op zijn lip. Als het vrijdag maar goed gaat.

Hij slaat rechtsaf. Dat is het laatste stuk. Hier mag hij nog wat harder. Jens versnelt een beetje. Zoals Jill hem geleerd heeft.

Dan is hij bij de bunker. Hij is niet eens echt moe. Kalm ademt hij door zijn neus. Hij spreidt zijn armen. Dan wacht hij. Het duurt lang. Eindelijk komt zijn vader eraan. Hij strompelt naar Jens toe.

'Het eh... het is nog een flink stuk,' hijgt hij.
Jens knikt.
'Je moet je armen wijd doen,' zegt hij. 'En je borst
vooruit. Dan krijg je meer zuurstof. Dat zegt Jill
altijd.'
Zijn vader kijkt verbaasd. Maar hij doet wat Jens
zegt.
Dan lopen ze terug.
'Jij loopt mooi,' zegt de vader van Jens.
Jens probeert bescheiden te kijken.
'Morgen weer?' vraagt hij.
Zijn vader knikt.
'Eh ja, ik denk het wel.'
Jens kijkt weer wat vrolijker. Zijn vader is niet
echt een trainer. Niet zoals Jill. Maar Jens kan nu
wél trainen. Dus misschien...
Misschien lukt het vrijdag toch!

9 Het feest

Jens sjokt naar school. Hij draagt een plastic tas.
Erg vrolijk kijkt hij niet.
Hij heeft vanmorgen niet getraind. Zijn vader had
spierpijn. Heel erg.
Jens denkt aan Jill. Vandaag wordt haar moeder
begraven. Vanmorgen om tien uur. Dat vertelde
opa.
'Jens!'
Jens kijkt achterom. Femke holt naar hem toe. Ze
draagt een doos.
Jens geeft er een tikje op.
'Wat zit erin?'
'Oude spullen,' is het antwoord. 'Drie poppen. Een
bal. Een stapel puzzels. Een paar boeken. En nog
veel meer. Ik hoop dat ik alles verkoop.'
Ze wijst naar de tas.

'Wat heb jij bij je?'
'Mijn gymschoenen,' zegt Jens. 'En mijn
trainingspak. Voor vanmiddag. Kom je... kom je
nog kijken?'
Het floept er zomaar uit. Jens kleurt er een
beetje van.
Femke heeft niks in de gaten.
'Tuurlijk,' zegt ze. 'De hele klas komt kijken. Ik
zag Frenk gisteren trainen. Die ging keihard!
Misschien haalt hij wel twintig rondjes.'
Jens bijt op zijn lip. Ze komt dus niet voor mij,
denkt hij. Ze komt voor die stomme Frenk.

Het is druk op school. Op het plein staan
kraampjes. Ook binnen is het al druk.
Maar eerst gaan ze naar de klas. Juf legt alles
nog eens uit.
'Vanmiddag komen de ouders,' zegt ze. 'Om half
twee. Vanmorgen zetten we alles klaar. Help
elkaar als je niks te doen hebt.'
Frenk steekt zijn vinger op.
'Hoe laat is de sponsorloop, juf?'

'Om drie uur. Zorg dat je dan klaarstaat.'

Juf steekt een fluit omhoog.

'Ik geef wel een teken. We gaan allemaal kijken.
Ook de ouders. Hebben jullie goed getraind?'

'Keihard,' roept Frenk.

Piet, Roy en Menno knikken.

'En jij, Jens?' vraagt juf.

'Eh... gaat wel,' mompelt Jens.

Hij is opeens heel zenuwachtig. Vanmiddag om
drie uur. Dan gaat het gebeuren! En iedereen
komt kijken. Ook zijn eigen ouders. En opa niet
te vergeten.

Jens slikt. Het gaat vast niet lukken.

'Oké,' zegt juf. 'Aan de slag.'

Femke stoot Jens aan.

'Wil je me helpen?'

Jens schrikt ervan.

'Ja... eh waarmee?'

Femke tilt de doos op.

'Hiermee. Er moeten prijsjes op.'

Ze geeft Jens een vel witte plakkertjes. Dan haalt
ze een pop uit de doos.

'Deze is 2 euro. Schrijf jij het op?'

Jens pakt een rode stift. Hij schrijft er keurig

'2 euro' op. Femke drukt het plakkertje op de pop.

Zo doen ze de hele doos.

Jens kijkt steeds op zijn horloge. Het is bijna tien

uur.

'Wat is er?' vraagt Femke.

'Niks,' mompelt Jens.

Om tien uur staat hij op. Hij loopt naar de gang.

Juf komt er net aan.

'Ha, Jens. Kijk eens wat vrolijker, jongen. Het is

vandaag feest.'

Jens zegt niets. Vlug loopt hij door. Hij weet niet

wat hij moet zeggen. Juf snapt er niks van. Het is

helemáál geen feest. Het is een rotdag! Vooral

voor Jill. Maar ja, dat kán juf ook niet weten. Wat

zou Jill nu doen? Zou ze huilen? Vast wel. Dat is

logisch als je moeder dood is gegaan.

Bij een raam blijft Jens staan. Hij kijkt naar

buiten. Frenk heeft zijn sportkleren al aan. De

andere drie jongens ook.

Ze draven over het plein.

Frenk loopt voorop. In een prachtige, soepele tred.

Jens sjokt terug.

'Waar was je?' vraagt Femke.

Jens haalt zijn schouders op.

'Wc,' mompelt hij.

'Kom mee,' zegt Femke. 'We gaan de kraam opzetten.'

Femke bouwt de kraam. En Jens helpt haar. De tijd kruipt voorbij.

Na het eten komen de ouders. Om kwart voor twee is het stampvol. Ook de ouders van Jens zijn er. Ze hebben opa bij zich.

Opa slaat een arm om Jens heen. 'Gaat het, jongen?'

Jens knikt.

'Hoe laat moet je?' vraagt opa.

'Om drie uur,' antwoordt Jens. 'Juf fluit als het begint.'

Om kwart voor drie kleedt Jens zich om. Hij gaat naar buiten. Naar het veld. De andere jongens zijn er al.

'Hé bolle,' grijnst Frenk. 'Denk je dat je één rondje
haalt?'
De anderen grinniken.
Jens geeft geen antwoord. Hij laat zijn ogen over
het veld gaan. Op elke hoek staat een kegel.
Sjonge, wat een eind.
Er klinkt gefluit. Juf komt naar buiten. De hele
school volgt haar. Ook ouders stromen toe. Juf
roept de jongens bij zich. Ze heeft een papier en
een pen in haar hand.
'Als ik fluit, beginnen we,' zegt ze. 'Ik schrijf de
rondjes op. Doe je best! Klaar?'
De jongens staan in de starthouding. Jens kijkt
naar zijn ouders. Zijn vader steekt een duim
omhoog. En zijn moeder knikt hem toe.
Waar zou opa zijn? Zou hij...?
Juf fluit keihard. Frenk sprint meteen weg. Jens
vertrekt als laatste. ♟

10 Borst vooruit!

Jens sjokt achteraan. Voor hem loopt Roy.
Jens ademt zwaar. Rustig blijven, denkt hij. Niet
gaan rennen. Het gaat niet om snelheid. Het gaat
om conditie.
Frenk is ver vooruit. Hij ligt al een half veld voor.
Piet en Menno lopen bij elkaar.
'Hup Jens!' klinkt het van de zijkant.
Het is de stem van opa. Jens steekt een hand op.
Hij is bij de tweede kegel. Zijn mond zakt open.
Hij kan er niks aan doen. Hij wíl wel door zijn
neus ademen. Maar het lukt niet.
Zijn rechterknie doet opeens zeer. Hoe kan dat
nou? Daar heeft hij nog nooit last van gehad.
Jens hoort gesnuif achter zich. Even later haalt
Frenk hem in. 'Kom op, bolle. Wat meer tempo.'
En weg is hij alweer! Met grote passen.

Jens bijt op zijn lip. Zijn hele lijf doet zeer. Dit wordt niks. Hij loopt niet goed. Hij ademt niet goed. Alles doet hij verkeerd.

Eindelijk heeft hij er één rondje opzitten. Juf schrijft het op. 'Kom op, Jens!' roept ze.

Jens strompelt verder. Zal hij stoppen? Hij heeft immers al wat geld verdiend.

Ook Piet haalt hem in.

Jens kan bijna niet meer. Zijn hoofd is vuurrood. Zijn mond staat wijdopen.

'Toe dan, Jens!' klinkt een meisjesstem.

Jens ziet Femke staan. Ze moedigt hem aan.

Jens zet nog een keer alles op alles. Hijgend loopt hij verder. Hij kijkt achterom. Ook Piet heeft het moeilijk. Die staat bijna stil.

Frenk komt alweer de hoek om. Hij heeft nog een flink tempo.

Jens vecht tegen de vermoeidheid. Zijn keel lijkt wel schuurpapier. Hij kijkt naar de toeschouwers. Het is een lange rij. Ze roepen en schreeuwen. Maar Jens voelt dat hij moet stoppen. Hij is doodmoe. Zijn benen willen niet meer. Wat een

afgang! denkt Jens. Eén rondje! Hij heeft één
rondje gelopen! Wat zal...?
'Borst vooruit!' hoort hij opeens.
Jens schrikt enorm. Die stem... dat is...
'Jill!' schreeuwt hij.
Jill staat aan het eind van de rij. Haar gezicht is
wit. Jens loopt naar haar toe.
'Hoe... hoe...?' stamelt hij.
'Doet er niet toe,' zegt Jill. 'Kom op, lopen! Door
je neus ademen. En borst vooruit.'
Jens doet wat ze zegt.
Wat gek! De pijn in zijn knie is bijna weg. Hij
ademt door zijn neus.
'Gebruik je armen,' roept Jill.
Haar stem achtervolgt hem. 'Beter doorveren.'
'Neem kortere passen.'
'Voor je kijken.'
Jens volgt alles op. Zijn ogen schitteren. Ha, dit
gaat beter!
Hij kijkt nog eens achterom. In de verte ziet hij
Frenk. Die komt niet meer dichterbij.
Even later haalt hij Piet in en Roy.

De mensen juichen en klappen. Maar Jens hoort
maar één stem. 'Goed ritme.'
'Houden zo.'
'Blijf rustig ademen.'
Hij passeert de startstreep. Voor hem loopt Frenk.
Die is uitgeput. Hij komt nauwelijks nog vooruit.
Jens gaat hem voorbij. Een machtig gevoel
stroomt door hem heen. Hij ligt aan kop! En
niemand die hem nog voorbijkomt!
Jens loopt en loopt. Rondje na rondje. Piet is
allang gestopt. Roy en Frenk ook. Het kan Jens
niet schelen. Weer passeert hij de streep.
'Negen,' roept juf. Er klinkt ongeloof in haar stem.
Jens kijkt niet op of om. Hij voelt geen
vermoeidheid meer. Het lijkt of hij de grond niet
raakt.
'Tien!' roept juf.
Jens' ogen zoeken Jill. Ze staat er nog steeds.
Jens loopt vlak langs haar.
'Doe maar twaalf,' zegt ze. 'Laatste rondje voluit.'
Jens knikt.
'Elf!' klinkt de stem van juf.

Jens verhoogt het tempo.

'Voluit nu!' roept Jill.

Jens gaat nog harder. Hij stuift over het veld.

Recht op de streep af.

Juf springt van plezier.

'Twaalf rondjes! Goed gedaan, Jens!'

Ze wil hem feliciteren. Maar Jens loopt door. Bij Jill stopt hij. Ze slaat een arm om hem heen.

'Goed zo, jongen,' zegt ze zacht. 'Je hebt fantastisch gelopen.'

Jens drukt zich tegen haar aan.

'Hoe kom je hier?' hijgt hij. 'Je had toch...?'

Jill valt hem in de rede.

'Straks,' zegt ze. 'Straks vertel ik het wel.'

11 De beste trainer

Jens is terug in de klas. Zijn haar is bezweet.
Maar echt moe voelt hij zich niet.
Zijn ouders zijn naar huis. Opa en Jill ook.
Frenk komt binnen. Hij smijt zijn gympen op de
grond. Hij ploft op zijn stoel.
Jens zegt niets. Frenk zal wel kwaad zijn.
Ook Roy en Piet komen binnen. Piet loopt naar
Jens toe. 'Goed gedaan, Jens,' zegt hij.
Het klinkt alsof hij het meent.
Jens kijkt verbaasd op. Hij knikt.
'Ja, mooi gelopen,' zegt Roy.
Jens wordt er verlegen van.
Dan staat Frenk op. Hij gaat vlak voor Jens staan.
'Ik eh...' begint hij. 'Wij eh... sorry. Ik bedoel
voor eh... je weet wel. Ik zal je niet meer pesten.
Dat was stom van mij.'

Hij steekt een hand uit. 'Vrienden?'
Jens knikt langzaam. Hij drukt de hand van
Frenk. 'Goed,' zegt hij blij.
Juf komt de klas binnen.
'Geweldig hoor, Jens!'
Jens lacht bescheiden.
Hij staat op. In zijn hand heeft hij een envelop.
Er zit geld in. Geld van mam. En geld van opa en
Jill. Jens geeft de envelop aan juf.
'Dertig euro,' zegt hij trots. 'Voor de school in
Togo.'

Juf bergt de envelop op.

Jens loopt naar de aula. Femke schiet op hem af.

'Hoeveel had je?' vraagt ze.

'Dertig euro,' antwoordt Jens.

Femke zet grote ogen op.

'Zoveel? Ik had maar acht euro.'

'Dat is ook best veel,' zegt Jens. 'Ga je mee?'

Ze wandelen naar huis.

'Je liep heel mooi,' zegt Femke. 'Net als... net als een hert. Heel mooi. Net of je de grond niet raakte.'

Jens kleurt een beetje.

'Zo voelde het ook,' zegt hij. 'Net of ik zweefde.'

Bij een kruising blijft Femke staan.

'Ik moet hierin,' zegt ze. 'Eh... kom je morgen bij me spelen?'

'Goed,' zegt Jens verrast.

'Om negen uur?' vraagt Femke.

Jens schudt zijn hoofd. 'Nee, dan kan ik niet. Ik kom wel om tien uur naar je toe.'

'Oké,' zegt Femke.

Dan huppelt ze weg.

Jens kijkt haar na. Negen uur is te vroeg. Dan is hij nog bij Jill. Dat hebben ze afgesproken.
Eerst gaan ze trainen. En daarna gaat hij met haar mee. Ze hebben elkaar veel te vertellen.
Jens holt naar huis. Niet te hard. Maar in een rustig tempo. Hij duwt zijn borst vooruit. En hij ademt door zijn neus.
Twaalf rondjes! Hij heeft twaalf rondjes gelopen. En hij had nog wel verder gekund ook. Wat een heerlijk gevoel is dat.
Minder dik wordt hij niet. Dat weet Jens nu wel zeker. Hij heeft zich steeds gewogen de laatste week. Soms wel drie keer op een dag. En er ging geen grammetje van af. Nou ja, niks aan te doen.
Jens verheugt zich al op morgen. Op de training met Jill. Weet ze eigenlijk wel van zijn ziekte? Ach, vast wel. Opa zal het wel verteld hebben.
Ik neem een cadeautje voor haar mee, denkt Jens. Dat heeft ze wel verdiend. Wat fijn dat ze toch nog kwam vandaag. Ze is een fantastische trainer. De beste trainer die er is!

Toekomstzolder

Jens heeft gemerkt dat hij, terwijl hij zo hard trainde, niet dunner werd. Vindt Jens het nu minder erg dat hij dik zal blijven?

De 'even-alleen-zijn'-kamer

'Opa, kun je zomaar doodgaan? Als je slaapt, bedoel ik.' Opa zegt een poos niets. Hij neemt grote stappen. 'Ja,' zegt hij dan. 'Dat kan. Dat ging met oma ook zo. 's Avonds gingen we samen slapen. En 's morgens was ze dood. Dat hoort erbij,' gaat hij verder. 'Oude mensen gaan dood.'

Denk jij wel eens aan doodgaan? Kan je opschrijven (of tekenen) wat je hierbij voelt?

Taalkamer

bescheiden – gemeen – bang – dapper – brutaal

Welke woorden passen het beste bij Jens en welke bij Frenk?

*Henk Hokke stuurde een e-mail
aan alle lezers.
Lees maar op de volgende bladzijde.*

Van: hhokke@zonnet.nl
of mail via: villa@maretak.nl
Aan: <alle lezers van VillA Alfabet>
Onderwerp: Kom op, bolle!

Beste lezer,

Ik had vroeger, toen ik nog voor meester leerde, een dik jongetje in mijn klas. Hij heette Jelle. Jelle kon er niets aan doen dat hij zo dik was. Het had te maken met een afwijking aan zijn schildklier.
Toen de jaarlijkse sportdag aanbrak, verscheen hij in een splinternieuw trainingspak op school. De andere kinderen grinnikten een beetje en wezen naar hem, maar Jelle trok zich er niets van aan.
Om negen uur begonnen we en Jelle verloor alles: zestig meter sprint, verspringen, paalwerpen en de hindernisrace. Het laatste onderdeel was een veldloop van twee kilometer. Net voor de start kwam er een man aanfietsen. Even later stond hij naast me. Het was de vader van Jelle. 'We hebben getraind,' zei hij, 'Jelle en ik.'
Na het startschot ging Jelle op kop lopen en er kwam niemand meer langs. Zijn vader siste 'Yes' toen Jelle juichend over de streep ging.
Dit boek is voor alle Jelles en hun vaders.

Henk Hokke
De Schammelte 21
7731 BL Ommen
hhokke@zonnet.nl

VillA-vragen

 Vragen na hoofdstuk 1, bladzijde 8
1 Heeft een kind uit jouw klas wel eens iets naars tegen jou gezegd? Hoe zou jij je voelen als dat gebeurt?
2 Als je op school een taak moet doen, krijg jij dan wel eens pijn in je buik omdat je bang bent dat je het niet kan?
3 Op bladzijde 7 staat: 'Nee, ik eh... ik heb geen zin.' Denk jij dat Jens echt geen zin heeft? Waarom zou Jens misschien zeggen dat hij geen zin heeft terwijl hij dat wel heeft?

 Vragen na hoofdstuk 6, bladzijde 33
1 'Jens zegt niets. Hij voelt dat er iets is gebeurd.' Wat geeft Jens het gevoel dat er iets is gebeurd?
2 'Jens volgt hem. Er ligt een steen op zijn maag.' Wat voel je als er een steen op je maag ligt?

 Vragen na hoofdstuk 9, bladzijde 50
1 Juf zegt dat Jens wat vrolijker moet kijken. Jens zegt niets.
Waarom niet?
2 'Waar zou opa zijn? Zou hij...?' Kan jij de gedachte afmaken?

VillA Alfabet